UNE

FRESQUE DU XVE SIÈCLE

À LA CERTOSA DI PESIO

PAR

M. DE LAIGUE

MINISTRE PLÉNIPOTENTIAIRE DE FRANCE

CORRESPONDANT DU MINISTÈRE DE L'INSTRUCTION PUBLIQUE

(Extrait du *Bulletin archéologique*. — 1905)

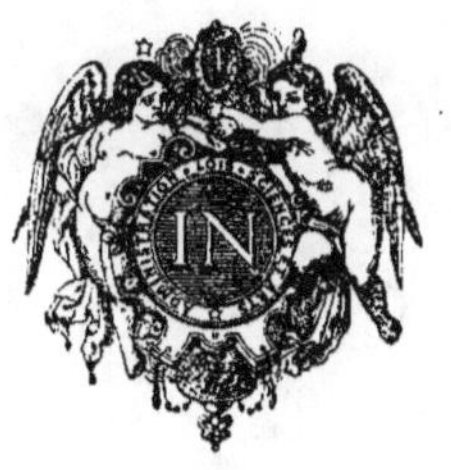

PARIS

IMPRIMERIE NATIONALE

MDCCCCVI

UNE
FRESQUE DU XVᵉ SIÈCLE
À LA CERTOSA DI PESIO

UNE
FRESQUE DU XVE SIÈCLE
À LA CERTOSA DI PESIO

PAR

M. DE LAIGUE

MINISTRE PLÉNIPOTENTIAIRE DE FRANCE
CORRESPONDANT DU MINISTÈRE DE L'INSTRUCTION PUBLIQUE

———⬥———

(Extrait du *Bulletin archéologique*. — 1905)

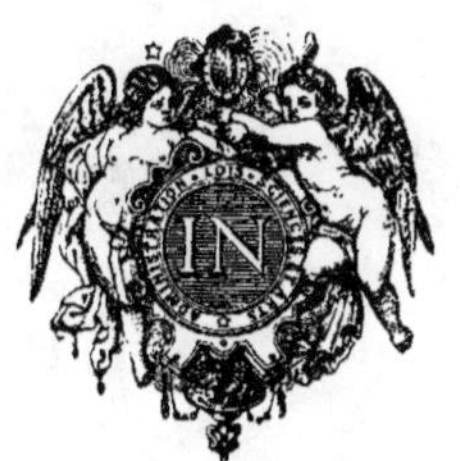

PARIS

IMPRIMERIE NATIONALE

—

MDCCCCVI

UNE
FRESQUE DU XVe SIÈCLE
À LA CERTOSA DI PESIO.

A 28 kilomètres au Sud de Cuneo, dans la pittoresque et alpestre vallée du Pesio, s'élève la Chartreuse de ce nom, aujourd'hui et depuis longtemps déjà transformée en un confortable hôtel devenu le rendez-vous de nombre de « villégiants » et où, en un autre temps, ne dédaignaient point de venir méditer, dans le calme et le recueillement, des hommes tels que Cavour, Massimo d'Azeglio et, plus récemment, Visconti-Venosta.

Si notre intention n'est point de retracer ni même de résumer ici l'histoire de ce célèbre couvent, fondé en 1173, histoire qui, aussi bien, a fait l'objet de consciencieuses recherches [1], nous pensons qu'il n'est pas hors de propos de signaler un monument d'art que nous avons eu l'occasion d'y rencontrer et qui, si nous ne nous trompons, n'a pas été, jusqu'ici, examiné par les cercles compétents, du moins en France.

Il s'agit d'une fresque occupant une espèce de niche placée en avant de l'un des deux ponceaux couverts, lesquels, actuellement encore et comme autrefois, ainsi que l'atteste une vue cavalière exécutée en 1672 par Giovanni Boetto, de Fossano, franchissaient le Pesio et donnaient accès à l'intérieur du vaste édifice.

Le ponceau dont il s'agit est le premier que l'on rencontre en venant des villages de San Bartolomeo et de La Chiusa, lesquels, avec celui de Beynette, sont sur la route de Cuneo. Tandis que, bien que très praticable encore, ce premier ponceau est à peu près

---

[1] Biagio Caranti, *La Certosa di Pesio*, 2 vol. grand in-4°: Turin, 1900.

abandonné, car l'ancienne pente douce qui y faisait suite et rejoi-
gnait l'avenue principale est présentement fort délabrée, le second,
plus commode, plus spacieux, placé de plain-pied à l'amorce de
cette même avenue principale, donne seul maintenant accès aux voi-
tures et aux piétons. C'est ce qui explique pourquoi, malgré son
incontestable intérêt, la fresque en question a échappé à la plupart
des investigateurs, jusque-là que nous l'avons nous-même remar-
quée ou plutôt découverte presque par suite d'un pur hasard.

De fait, tandis que, dans son ouvrage, M. Caranti signale avec
quelque détail les peintures dont, au milieu du xviiᵉ siècle, Caret,
d'Anvers, a orné l'église du couvent; tandis qu'il mentionne un
triptyque disparu « par le malheur des temps », œuvre magistrale
d'Albert Dürer, laquelle servait d'autel militaire au guerroyant car-
dinal Maurice de Savoie, notre auteur ne fait, croyons-nous, men-
tion qu'en passant des fresques plus ou mons dégradées subsistant
encore au dehors de l'édifice. Empressons-nous de le dire, ces
fresques n'offrent guère matière à l'étude, sauf peut-être au sens iconographique, car plusieurs d'entre elles donnent les portraits des
prieurs les plus notables soit par leur piété, soit par leur science,
soit par l'une et l'autre à la fois. Mais comme, parmi ces fresques
extérieures, celle dont nous nous occupons semble, sauf erreur de
notre part, être digne d'attention, nous allons essayer d'en donner
une description aussi exacte que scrupuleuse et détaillée.

Quoique sise au fond d'une vallée assez étroite, la Chartreuse
est à 862 mètres au-dessus du niveau de la mer. Aussi, étant de-
meurée exposée, depuis de longs siècles aux intempéries et aux
frimas de l'hiver rigoureux qui règne à pareille altitude, cette fresque a beaucoup souffert et, loin de s'étonner qu'elle soit si fort
endommagée, on doit plutôt se demander comment elle n'a point
complètement disparu.

Du déplorable état de dégradation où elle se trouve, et moins
encore peut-être de l'incontestable valeur artistique qu'elle présente
encore, il n'est malheureusement pas possible de se rendre un
compte exact d'après la photographie obligeamment exécutée par
Mᵐᵉ Giaccone, l'une des propriétaires actuelles de l'hôtel, photographie qui, faute de mieux, est ici reproduite (pl. XIII).

La niche contenant notre composition est à environ 2 mètres
au-dessus du niveau du sol et offre une coupe légèrement trapé-

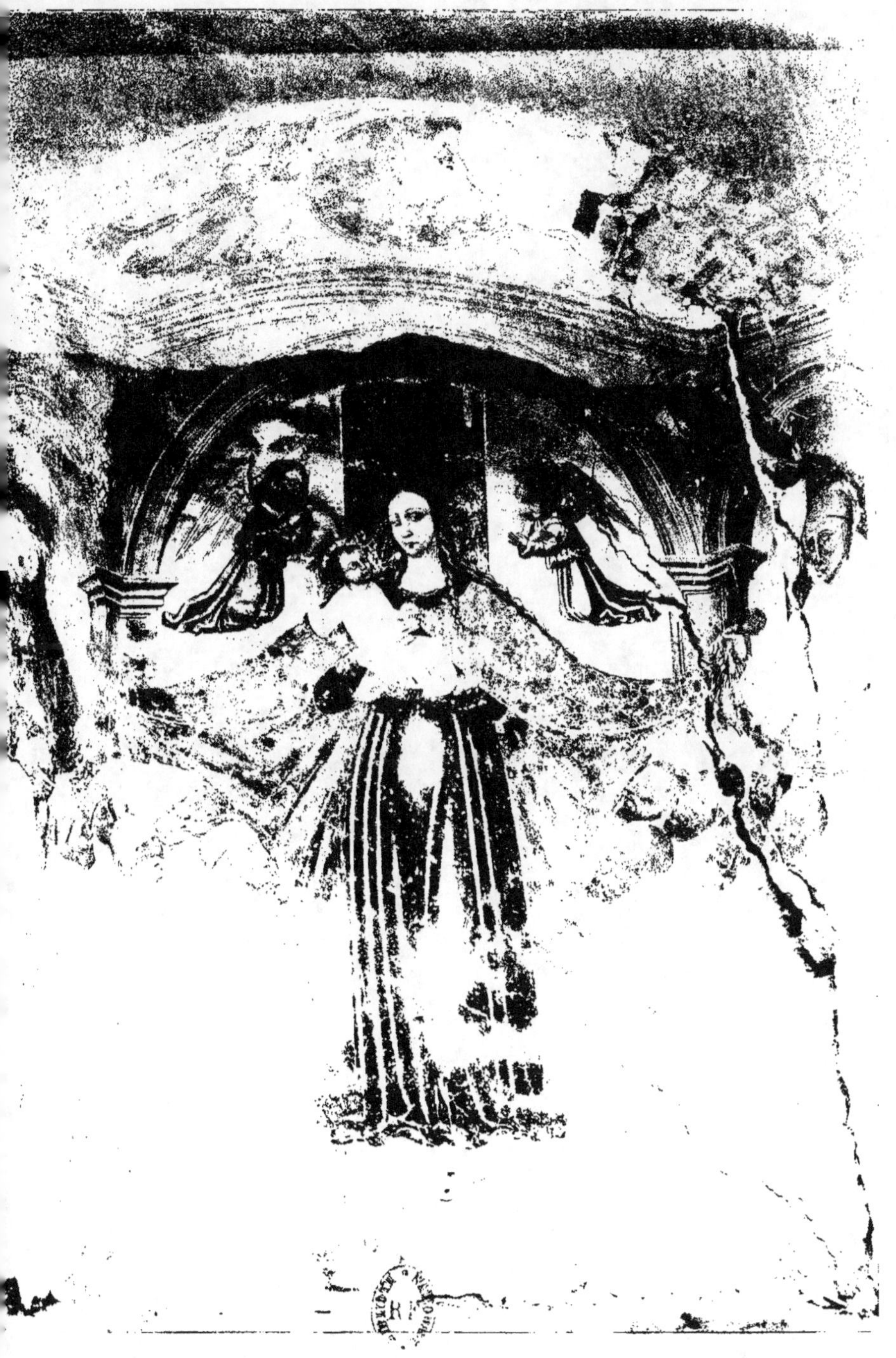

CERTOSA DI IESI

FRESQUE DU XVᵉ SIÈCLE

zoïdale, c'est-à-dire qu'au lieu de former un angle droit avec la
paroi verticale du fond, les deux parois latérales rencontrent celle-
ci sous un angle obtus et ne sont point, dès lors, parallèles entre
elles, tandis que la partie supérieure, arc-boutée sur ces parois
latérales, est légèrement voûtée. Nous sommes donc en présence
d'un véritable triptyque fixe ayant un développement approximatif
de 4 mètres, dont un peu plus de 2 mètres pour le fond et quelque
peu moins de 1 mètre pour chacun des côtés. En dehors du triptyque lui-même existait un encadrement presque entièrement dévoré
aujourd'hui par les efflorescences de salpêtre et qui représentait
deux pilastres historiés avec leurs chapiteaux, les ornements, oi-
seaux, rinceaux, palmettes, volutes, etc., étant exécutés en blanc
réchampi sur jaune plus ou moins intense et semblant, d'après ce
que l'on en peut discerner encore, inspirés des meilleurs motifs de
la Renaissance toscane. Venons au sujet lui-même.

En avant de trois arcades d'inégal écartement et teintées en
violet, l'une, la plus ouverte, occupant le panneau du milieu, et les
deux autres, perspectivement plus étroites, inscrites aux panneaux
latéraux et vues en raccourci, figurent là Vierge tenant l'Enfant
Jésus et douze chartreux, six à gauche, six à droite. Devant les
arceaux secondaires, on voit, à gauche, saint Jean-Baptiste debout
(la partie inférieure du corps a presque entièrement disparu) et,
à droite, un moine, aussi debout, alors que les douze autres sont
agenouillés.

Derrière la Vierge, pareillement debout, on remarque, en haut,
deux séraphins «orant», dont de maladroites retouches ont gâté
l'exécution première; tandis que sur le ciel bleu se détache une
sorte d'étroite tenture jaune-brun à fleurons noirâtres, tenture
placée, afin de la mieux faire ressortir, en arrière de la tête de la
mère de Dieu.

Celle-ci est coiffée d'une sorte de bonnet brun noirâtre sur lequel
il convient d'appeler spécialement l'attention, car, en dehors du faire
de l'œuvre, il peut servir par lui-même, et presque à lui seul, pour
dater assez exactement celle-ci, les autres parties principales ou acces-
soires du vêtement étant purement conventionnelles : manteau bleu
semé d'étoiles jadis blanches et doublé d'une étoffe verdâtre, tunique
rouge à larges plis, mais plaquant sur le ventre, avec rosaces ton
sur ton; chaussures blanches reposant sur un escabeau ou mieux
un socle hexagonal. Autour du bonnet, un examen attentif permet

de reconnaître les vestiges d'un diadème autrefois doré et composé
de perles alternant avec feuilles d'ache.

Vêtu d'une sorte de chemisette blanche, transparente, en « fin
lin », l'Enfant Jésus autrefois nimbé d'or, comme l'indique un cercle
vague et brunâtre, autour du crâne, repose sur le bras droit replié
de sa mère, de qui la main droite est étendue, les doigts ouverts
et joints, la gauche soutenant la cuisse droite du Rédempteur,
lequel fait le geste hiératique de la bénédiction. Comme l'Enfant,
la Vierge a les cheveux blonds se déroulant en ondes dénouées sur
les épaules, avec deux mèches encadrant le visage.

Si l'expression de la physionomie de l'Enfant Jésus n'a rien
de bien remarquable, les traits de la Madone sont d'une exquise
pureté, d'une inspiration très juste, d'une régularité charmante et
rappellent la meilleure tradition des maîtres italiens immédiate-
ment antérieurs à Raphaël.

Les deux pans du manteau sont tenus des deux mains, celui de
gauche, par le moine debout, celui de droite par saint Jean-Baptiste. Sous les plis largement éployés, les douze chartreux, capu-
chon rabattu, sont agenouillés avec, derrière, des capuces laissant
deviner d'autres religieux dont le visage demeure caché soit par ce
qu'ils n'appartenaient pas à la chartreuse de Pesio, mais peut-être à
celle voisine de Casotto, soit encore parce qu'ils étaient de simples
novices, la règle de l'ordre ne comportant, sauf erreur, que douze
profès et un prieur par couvent, comme souvenir du nombre des
apôtres et du divin Maître.

En tout cas, nous sommes très vraisemblablement en présence
de portraits, ainsi qu'on le peut constater non seulement par la
vérité des types, mais par le fait que tous ces religieux, hormis un,
ont les yeux bleus, ce qui est fréquent en Piémont, pays gaulois,
tandis qu'intentionnellement, à coup sûr, la Vierge a les pupilles
brun clair, l'Enfant Jésus brun foncé comme aussi saint Jean,
pour autant que l'on en peut juger, vu la détérioration du person-
nage.

Fait à noter, tous les individus groupés à gauche du spectateur
sont imberbes alors que tous ceux de droite sont barbus, modalité
dont nous nous réservons de tirer, en son temps, certaines induc-
tions.

Quant au saint Jean-Baptiste dont, tout endommagé qu'il soit
actuellement, le galbe émacié respire encore une mélancolique

douceur, on ne saurait néanmoins donner une description précise, en l'état déplorable de délabrement ou mieux de presque destruction où il se trouve, la tête elle-même disparaissant en partie sous les efflorescences de salpêtre.

Il en va autrement du moine debout en qui nous pensons reconnaître un prieur, tant à raison de sa posture droite que du fait qu'il partage avec le saint l'insigne privilège de porter les pans du manteau, véritable *pallium* d'honneur dont la Vierge est drapée, ainsi qu'on l'a marqué déjà.

En outre, dans la saignée du bras gauche de notre moine repose un missel fermé, autre détail évidemment significatif.

Si les plis de la robe blanche sont exécutés avec autant d'ampleur que de vérité, la physionomie, tendrement ascétique, est traitée avec une simplicité gracieuse et magistrale qui respire un caractère de religieuse et pensive quiétude. En effet, le visage est, dans son ensemble, noble, calme et reposé d'expression, grâce aux méplats accentués sans être heurtés, à la finesse de la bouche aux lèvres minces et plus encore à la carnation sensiblement moins poussée en vigueur que celle des autres moines, surtout de ceux de droite.

Tel est le sujet principal. Il est complété sur la partie cintrée, formant plafond, par un petit ange de joli dessin qui soutient un cercle au centre duquel en est tracé un plus petit d'où rayonnent des flammes au nombre de douze, régulièrement espacées à 3o degrés l'une de l'autre. Cet ange est à la gauche du spectateur et faisait pendant à un autre dont il ne subsiste plus actuellement que le pied gauche et un fragment de jambe. La perte de cette figure, pour accessoire qu'elle fût, est d'autant plus regrettable que celle qui subsiste encore est d'une exquise exécution.

Quoi qu'il en soit, de l'examen que nous avons fait d'une photographie exécutée en 1870 et conservée par la propriétaire actuelle de la Chartreuse, Mme Vve Biagio Caranti, il résulte que depuis lors, c'est-à-dire en 34 ans, aucun nouveau dégât marqué ne s'est produit. Ainsi, la partie droite de l'enduit de la voûte s'était détachée déjà; la tête de saint Jean-Baptiste avait, ni plus ni moins qu'aujourd'hui, été dévorée par le salpêtre; le torse et les jambes avaient aussi disparu. Enfin trois profondes crevasses, pénétrant la masse même du mur, avaient disjoint la paroi droite, endomma-

geant les portraits des moines barbus et celui du prieur, car, ainsi
qu'il a été dit déjà, nous estimons être en présence d'une œuvre
iconographique nous ayant conservé les traits des treize religieux
qui menaient à Pesio la vie cénobitale à l'époque où fut exécutée
notre œuvre d'art.

Cette époque quelle est-elle? C'est le point qui nous reste à dé-
gager en nous aidant non seulement des «caractéristiques» générales de l'exécution, mais encore d'un détail très significatif du costume de la Vierge.

En ce qui concerne ces caractéristiques générales, il convient
tout d'abord de le remarquer, notre photographie donne une idée
très imparfaite, très incomplète aussi de l'œuvre originale, soit en
raison de l'impossibilité d'apprécier les tonalités relatives des cou-
leurs, défaut commun à toutes les photographies, soit, au cas par-
ticulier, par suite de la déformation forcée des plans latéraux et
du cintre supérieur, lesquels ont dû être sacrifiés pour mettre en
valeur le sujet central qui est aussi le principal.

L'on a dit que la Vierge était coiffée d'une sorte de bonnet brun
noirâtre peut-être en fourrure, de forme absolument spéciale, lequel, venu très vague dans la photographie, est pourtant fort recon-
naissable sur l'original. Autrefois, cette coiffure était ornée d'un
diadème enrichi de perles alternant avec des feuilles d'ache ou
de trèfle, diadème qui, aujourd'hui encore, offre un léger relief
obtenu par empâtement et a été doré, mais, avec le temps, est
devenu noirâtre comme le nimbe de l'Enfant Jésus. Si ce joyau
n'est pas en lui-même très significatif, car on en trouve de nombreux exemples à diverses époques et en divers pays, le plus sem-
blable au nôtre étant celui que le Christ va placer sur la tête de la
Vierge dans un «couronnement» peint par Fra Angelico [1], la coiffure elle-même est évidemment plus rare et doit préciser une date,
car, à la différence des autres parties du costume, celle-ci a été
évidemment copiée sur un objet en usage à l'époque où la fresque
a été exécutée.

Or, le chapeau de feutre à bords entièrement relevés autour de
la calotte comme le portent aujourd'hui encore les gens du peuple
en Hongrie et dans certaines parties de l'Espagne, on le rencontre
très fréquemment vers la fin du XVe siècle. Témoin, entre tant

[1] Lubke. *Histoire de l'Art*. traduction Koella, t. II. p. 90, fig. 442.

d'autres, le portrait de Charles VIII d'après Gaignières [1] et, dans la Chronique de Louis XII par frère Jean d'Auton [2], une miniature où ce prince et divers seigneurs de sa cour sont représentés la tête ainsi couverte. Nous pouvons donc, sans beaucoup nous hasarder, faire remonter notre peinture à la seconde moitié du xve siècle.

Si maintenant nous examinons le galbe très pur de la Vierge, il n'est pas sans quelque analogie, à notre avis, partagé du reste par un peintre français qui a vu notre fresque, avec celui des madones du Pérugin, ce maître de Raphaël, qui peut être regardé comme ayant été dans la plénitude de son épanouissement durant cette période. Quant à l'Enfant Jésus, on ne croit pas beaucoup se tromper en le rapprochant de celui qui, dans la nativité de Lorenzo di Credi conservée aux « gallerie » de Florence, se voit couché au premier plan. Et Lorenzo di Credi, lui aussi, est du xve siècle. C'est bien la même petite tête, vue de trois quarts et couverte non de cheveux longs et bouclés, comme dans la plupart des effigies du xvie siècle, mais bien de ce petit duvet court et dru, propre aux *pargoletti*. On retrouve aussi ces mêmes cheveux naissants chez les *Gesù bambino* du Pérugin.

Il reste à parler des quatre anges ou séraphins « orant », dont deux apparaissent aux côtés de la Vierge et deux au-dessus d'elle dans le cintre. Comme on l'a dit, le galbe des deux premiers a été singulièrement compromis par de malencontreuses retouches qui en ont, tout à la fois, altéré le coloris. — Par contre, celui qui subsiste encore à peu près intact à la voûte, aussi remarquable par la ligne que par la coloration et notamment par le diapré des ailes, n'est point sans rappeler des figures analogues existant dans diverses compositions du Pérugin, notamment dans la « Vierge patronne de Pérouse » et dans une « Adoration des Mages [3] » du même peintre. En outre, quelque altérés qu'ils soient, les deux autres anges, ceux qui volent derrière la Madone, s'inspirent aussi du même type. Nouvelle raison pour attribuer à notre fresque la date du xve siècle.

Si l'on ne croit pas devoir tirer argument des motifs ornementaux des pilastres, parce qu'ils peuvent être d'une main autre que

[1] Bordier et Charton, *Hist. de France*, 1re édition, t. I, p. 564.

[2] Bibliothèque nationale, manuscrit fr. 9701.

[3] Ces célèbres compositions ont été notamment reproduites dans le n° XXII (année 1903) de la *Vox Urbis*, journal latin paraissant à Rome.

celle qui a exécuté le tableau lui-même, qu'ils sont, d'ailleurs, très délabrés et ne paraissent point dans notre héliogravure, on croit bon, pourtant, de répéter qu'ils sont de fort élégante allure et rappellent, en quelque sorte, ceux qui encadrent le triomphe de César par Mantegna, dans la célèbre composition conservée à Hampton-Court.

Pour terminer, venons aux religieux ici représentés, évidemment sur le vif ainsi qu'on l'a suggéré déjà. Que six soient imberbes et six barbus, nous sommes trop peu versés dans les règles de l'ordre pour attribuer un sens précis, incontestable, à cette différence. Mais si elle nous confirme dans l'hypothèse que nous sommes en présence de portraits, peut-être comporterait-elle une interprétation analogue à celle qui a été admise en ce qui concerne les monuments antiques. C'est ainsi, par exemple, que sur un bas-relief du fameux autel dédié par les nautes parisiens, on a reconnu dans un groupe de trois hommes armés barbus des membres *seniores* du collège et dans un autre groupe aussi de trois hommes armés, mais imberbes, des membres *juniores* [1]. Nous ne donnons cette interprétation que sous expresse réserve, parce que le moine debout, à qui, pour les raisons exposées plus haut, nous assignons la qualité de prieur, ce qui en ferait un *senior* par excellence, est entièrement rasé.

Et à propos de cette charge de prieur, étant donné que, nous croyons l'avoir prouvé, notre fresque date du xve siècle, il se pourrait que la belle physionomie dont les traits nous ont été conservés par le peintre soit celle d'un des plus notables de ces prieurs, certain *Stephanus de Crivolo* ou *Crivoleus*, qui fut longtemps à la tête du couvent à cette époque et mourut en 1494 [2].

Mais au temps de cet Étienne de Crivolo, vivait à la Chartreuse un simple moine, Antoine Lecoq, plus connu sous le surnom de *de Avigliana*. Or, sur le montant droit du ponceau couvert donnant accès actuellement encore à la Chartreuse, on voit une peinture relativement moderne qui représente, à n'en pas douter, ce chartreux, puisque, dans un cartouche placé au-dessous de l'effigie on lit : *Antonius Lecoq de Avilia prof. h[u]i[us] c[o]n[ventus] Vallis Pisini 1454.*

<hr>

[1] Mowat. *Remarques sur les inscriptions antiques de Paris*; Vienne, 1882, in-8°. (Voir aussi *Bulletin de la Société nationale des Antiquaires de France*, 1903, p. 283.)

Caranti, ouvr. cité, p. 288-293.

Or, quelque maltraitée que soit cette médiocre peinture qui est à fresque, si on l'examine attentivement, l'on demeure sous l'impression qu'il existe une grande analogie entre ce portrait et celui du premier moine imberbe de notre grand tableau. En supposant cette identification fondée, elle offrirait de l'intérêt, car cet Antoine est un des rares religieux de Pesio dont le nom ait acquis et conservé quelque notoriété. D'après Morotio [1], il composa « un trattato sul libro di Giobbe che dedicò ad Isabella, madre dei Serenissimi Principi di Savoja Filiberto e Carlo, ai quali predisse, altresì, la prossima usurpazione dello Stato ». Sauf que la mère des princes Philibert et Charles fut, non une Isabelle, mais bien Yolande de France, sœur de Louis XI et femme d'Amédée IX, dit « il Beato »; cette prophétie, si tant est qu'elle n'ait pas été inventée après coup, mérite d'être mentionnée, car la descente de Charles VIII en Italie la réalisa, au moins pour un temps. Aussi bien, sans parler des divers autres ouvrages de ce moine, tous perdus, il convient de noter en passant que celui dans lequel il consigna sa prédiction ne fut guère du goût du jeune conquérant français qui en eut connaissance.

Quoi qu'il en soit, il est avéré que, malgré son surnom italien, Lecoq fit profession à la Grande Chartreuse de Grenoble d'où l'on peut inférer, comme aussi d'après cette appellation patronymique de Lecoq, qu'il était Français, ce qui, pour nous, rend son portrait particulièrement intéressant. Toujours est-il que, peut-être à raison de sa supériorité même, il porta de l'ombrage à ses « frères en Dieu » au point qu'en 1447 les coryphées de l'ordre s'étant réunis édictèrent à son encontre l'espèce de ban dont voici le texte : « Il signor Antonio di Avigliana, professo della Valle di Pesio, continui ivi à rimanere. Si fa rigoroso divieto ai visitatori di condurlo per insinuazione di qualsiasi signore, fuori i confini, nè promuoverlo a qualche ufficio dell'Ordine, altrimenti ora per allora e vice versa, se avvenisse il contrario (che sia lungi e cosa che non vogliamo supporre) cassiamo ed annulliamo tale nomina e vogliamo che sia di niuno valore [2] ».

D'après Morotio, déjà cité, notre cénobite serait mort en 1458: mais il y a divergence à cet égard entre les auteurs. S'emparant de

---

[1] *Teatrum cronologicum sacri Cartusiensis ordinis.*
[2] Garanti, *Poche notizie sulla Certosa di Pesio* : Turin, 1883.

l'incertitude qui règne sur ce point, l'imagination populaire a créé une légende d'après laquelle ce saint homme serait demeuré cent ans endormi sur l'une des roches abruptes qui surplombent le couvent.

A un autre point de vue, il convient de mentionner que, d'après un manuscrit de Mgr della Chiesa, appartenant à la Bibliothèque nationale de Turin, le dauphin Louis, plus tard Louis XI, contraint de fuir le ressentiment de Charles VII, son père, erra quelque temps à l'étranger et se rendit à la «Certosa di Pesio» sous un déguisement. Tandis qu'il disait la messe, le P. Antoine reconnut, par intuition divine, le royal «errant», lui prédit sa prochaine réconciliation avec son père et son non moins prochain avènement au trône de France. En souvenir de l'accueil reçu, Louis devenu roi envoya au couvent une magnifique chasuble, laquelle fit longtemps l'admiration de ceux qui visitèrent la chartreuse piémontaise, ce dont témoignent divers auteurs.

On croit aussi que Lecoq était de haut parage : mais, ne fût-ce là qu'une vague tradition, ce qui semble avéré c'est qu'il servit fréquemment d'intermédiaire politique secret entre Yolande de Savoie et son frère. Enfin les écrivains du temps et ceux qui vinrent après eux affirment que sur la tombe du P. Antoine, lequel fut enseveli dans l'ancien cimetière conventuel actuellement disparu (on n'en a retrouvé aucune trace), s'accomplirent de nombreux miracles.

Si maintenant on se reporte à la partie de la *Cronica Stephani de Crivolo, Prioris Cartusie, ann. MCCCCXV*, chronique continuée jusqu'à une date très postérieure, on y trouve plusieurs mentions : «De Beato Anthonio Le Cocq Avilianensi, monacho professo Cartusie Vallis Pisii». La plus curieuse est la suivante, qui précisément se réfère aux miracles dont il vient d'être parlé [1] : « ...Dominus de Aviliana cuius odore, Domino inspirante, omnes de quibus nominatim dicetur et multi alii fuerunt ad conversionem tracti. Ipse enim exstitit propheta vaticinando de futuris. Et quod est solius Dei, corda hominum scrutabatur et consciencias eorum ex instinctu cognoscebat fiebantque per eum singularia et adhuc non cessant, quia viridis herba super eius tumulum nascens, portantes eam super se febricitantes sanat: et quam multos ab ipsis febribus

<hr>

[1] Caranti, *La Certosa di Pesio*, t. II, p. 45 et 295.

liberavit manifestum est omni populo. — Obiit 24 februarii
1458 [1]. »

Enfin fut composé pour lui ce distique :

Christo canto hymnos lachrymans: quasi cera liquesco.
  Hinc vates astra peto, pondere neque gravor [2].

dans lequel « Canto... liquesco » donne l'anagramme d'Antonius
Lecocq... par approximation.

Et maintenant l'on s'est peut-être étonné de l'ampleur des détails
accumulés jusqu'ici soit pour fixer la date de l'œuvre, soit pour en
déterminer le faire. En nous livrant à de tels développements, nous
nous proposions essentiellement, comme importante et dernière
conclusion, de préparer le lecteur à la révélation inattendue que
l'on pourrait bien être en présence d'un *primitif français*.

En effet, si l'on pense avoir établi de façon incontestable que
Lecoq était notre compatriote; si, malgré la date de 1458 indiquée
par la *Chronica* comme pouvant être celle de sa mort, on a été
amené à constater qu'il y avait à l'égard de cette date, divergence
entre les écrivains, — plusieurs d'entre eux affirmant d'accord avec
la tradition populaire, que notre chartreux vécut bien après l'année
en question, — les sources documentaires fournissent plus et mieux
à notre point de vue français; car, dans les additions à la chronique
souvent citée de *Stephanus de Crivolo*, on lit textuellement, en ce qui
concerne ce même Lecoq, dont l'auteur fait, à tous égards, le plus
grand éloge : *Egli era dipintore divoto di pie immagini.*

Si donc ayant lui-même exécuté la fresque de la *Certosa di Pesio*,
ainsi que c'est notre conviction, notre compatriote doit être ajouté
à la liste des primitifs français désormais très justement prônés, rien
d'étonnant à ce que, d'après un usage alors fort général, il se soit
représenté parmi les personnages figurant dans sa compsition.

Inutile de pousser plus loin nos explications, car nous pensons
avoir atteint le triple but que nous nous sommes proposé : d'abord,
signaler aux connaisseurs une fresque très ancienne, très remarquable aussi et qui, exposée comme elle l'est aux intempéries, peut
disparaître d'un jour à l'autre; ensuite, assigner à cette œuvre une

[1] Cette date a été inscrite après coup, dans un blanc existant à la fin du pas-
sage transcrit ci-contre.
[2] Caranti, *ouvr. cité*, p. 305.

date au moins approximative et surtout enfin indiquer que, d'après les vraisemblances, cette fresque aurait pour auteur un chartreux français qui fait honneur à son pays d'origine et devrait être inscrit parmi nos primitifs nationaux.

On se réserve, d'ailleurs, de fournir ultérieurement certains détails sur notre Chartreuse au point de vue strictement historique et épigraphique.